GIUDICE DELLA ROCCA

PAR

MARC MARCHI.

SCEAUX

TYPOGRAPHIE DE E. DÉPÉE.

1865

GIUDICE DELLA ROCCA.

fallait en conséquence trouver un expédient analogue aux circonstances. Les magistrats de Pise jetèrent les yeux sur un insulaire d'un grand mérite qui se trouvait alors dans cette ville, appelé Giudice et appartenant à l'une des plus puissantes familles de la Corse. Pise, soit qu'elle voulût récompenser cet insulaire des services qu'il lui avait rendus dans la carrière des armes qu'il avait embrassée, soit qu'elle espérât, par le secours de ce valeureux soldat, rétablir son autorité, résolut de l'envoyer dans l'île avec le titre de *comte de Corse*, et en qualité de général (1).

Giudice était venu au monde dans les circonstances les plus malheureuses. Son père, *Guglielmo della Rocca*, avait été emprisonné et mis à mort par l'ordre de ses neveux, *Arriguccio et Rainieri da Cinarca*. Giudice vit le jour, selon *Giovanni della Grossa* (2), en l'année 1219 et porta d'abord, d'après Filippini, le nom de Sinuccello, qu'il ne remplaça par celui de Giudice qu'après sa rentrée en Corse (3). Privé, dès son jeune âge, de son patrimoine par ses cousins (4), il se vit dans la nécessité, avec deux de ses frères, de se retirer auprès d'un de leurs oncles, seigneur de Covasina (5).

---

(1) Renucci, t. i, pag. 14; Filip. liv. ii, pag. 121; Cambiaggi, liv, ii, pag. 123.

(2) Annaliste de la Corse.

(3) On a soulevé la question de savoir si le nom de Giudice était un nom propre appartenant au héros dont nous nous occupons, ou bien si ce n'était là qu'une fonction qui lui avait été attribuée par les Pisans, dont l'habitude était de donner ce titre aux gouverneurs de leurs provinces. Comme cette question est à nos yeux entièrement dépourvue d'intérêt, nous déclarons considérer le nom de Giudice comme étant le nom propre du fils de Guglielmo.

(4) Arriguccio Orechiaritto, comte de Cinarca, et Leca, cousin de ce dernier. (Limperani, liv. viii, pag. 85.)

(5) Renucci. — La seigneurie de Covasina était formée d'une partie du Fiumorbo et de Cursa.

Mais bientôt de vives discussions s'étant élevées entre ce seigneur et Giudice, ce dernier abandonna la Corse, se retira à Pise et entreprit la carrière des armes. L'histoire mentionne que lorsque les Français vinrent attaquer cette ville, Giudice déploya un très-grand courage et tua, en duel, un des officiers les plus redoutés, appelé Lordano (2). Ce fut apparemment en récompense d'une si belle conduite, que la république lui accorda le titre de *comte de Corse*, et l'envoya dans cette ile en qualité de général.

La nouvelle de la prochaine arrivée de Giudice en Corse fut un sujet d'alarme pour tous les seigneurs de ce pays. Ils pensaient que s'ils acceptaient Giudice pour chef suprême, c'en était fait de leur liberté. Ils jurèrent donc de lui résister, et quand cet insulaire, après une longue absence, toucha le sol de la patrie, il trouva tous les seigneurs en armes et prêts à le combattre.

Giudice arriva en Corse en 1245 (3). Deux galères chargées de troupes pisanes, qui se rendaient aux îles Majorque et Minorque, reçurent l'ordre de s'arrêter quelque temps en Corse pour seconder les entreprises du général que la république envoyait dans cette ile. Mais, dès son arrivée, le *comte de Corse*, ayant été instruit de la disposition des esprits en sa faveur, résolut de parvenir à la suprême magistrature du pays, en employant d'autres moyens que celui des armes. Il licencia donc une partie de ses troupes, et accompagné d'un petit nombre d'hommes seulement, il s'établit sur les montagnes qui dominent Quenza, où son autorité ne tarda pas à être reconnue et respectée.

Exilé, pour ainsi dire, au centre du pays qu'il était appelé

(1) Filip., liv. II, pag. 121.

(2) D'après Jacobi, il ne serait arrivé qu'en 1280. Nous adopterons l'année donnée par Filippini, 1245.

GIUDICE DELLA ROCCA [1]

I

ENFANCE DE GIUDICE. — SON DÉPART POUR PISE. — SON
ARRIVÉE EN CORSE.

En jetant les yeux en arrière, j'aperçois, à travers les
brumes épaisses de notre histoire nationale, se détachant de
l'ombre, la noble figure de *Giudice della Rocca*.

Guidice, dit Filippini, fut réellement un des hommes les
plus remarquables de son époque. Valeureux sur le champ
de bataille, sage dans les conseils, juste administrateur de la
justice, et cependant une prison fut son tombeau.

---

(1) Le premier qui porta le nom de *della Rocca* fut le père de
Giudice, *Guglielmo da Cinarca*. Ce dernier ayant hérité des do-
maines des seigneurs de *Valle*, abandonna son château de *Castel-
Nuovo*, pour aller habiter dans celui de la *Rocca*.

Depuis cette époque tous ses descendants portèrent le nom de
seigneurs *della Rocca*.

C'est aussi parce que Guglielmo venait de *Cinarca* que tout le
territoire compris entre les *Lecce del Loppio* et Bonifacio, s'appela
Cinarchese. (Cambiaggi, liv. II, pag. 115.)

L'époque à laquelle cet éminent citoyen vint au monde, est celle qui marque la décadence de la république pisane, qui depuis longtemps exerçait son empire en Corse (1).

La situation de l'Italie, déjà si compliquée à la mort de Frédéric II, le devint bien davantage lorsque le pape Urbain IV appela dans la péninsule un prince étranger, Charles d'Anjou, pour l'opposer à Manfred, roi de Naples. Les Pisans, alliés fidèles de ce valeureux prince, marchèrent sous ses étendards, bravant ainsi les anathèmes de Rome. Mais Manfred étant mort les armes à la main, ses amis perdirent courage, furent dispersés, et la république de Pise ne fut pardonnée qu'à des conditions humiliantes.

Ces événements exercèrent en Corse une grande influence; car non-seulement les affaires de l'île étaient négligées, mais les plus religieux d'entre les Corses, épouvantés par les anathèmes que Rome avait lancés contre les Pisans, les crurent excommuniés et considérèrent les magistrats que la république avait en Corse comme autant d'ennemis. De cette manière, à mesure que l'autorité se relâchait, l'anarchie prenait de plus grands développements. Tous les liens sociaux se trouvèrent brisés, la loi ne fut plus qu'un vain mot; la justice n'eut plus de balance; la force et les armes tranchèrent toutes les questions.

Ce fut à cette époque désastreuse que plusieurs seigneurs corses secouèrent le joug des Pisans et se placèrent sous la protection de Gênes.

Ainsi la république voyait petit à petit la Corse lui échapper, sans qu'il lui fût possible de faire un dernier effort capable de tenir en respect les peuples et les seigneurs. Il

---

(1. La Corse avait été cédée aux Pisans en 1091, par le pape Urbain II; ils la perdirent après la destruction de leur marine, à la bataille de la *Meloria*, en 1289. Pise gouverna donc la Corse pendant 208 ans. (Grul.. *Hist. de Corse*, liv. ..., pag. 198.)

II

Cependant Latro, seigneur de Carbini, qui tenait sous sa
suzeraineté *Capola*, *Quenza*, Aullene (1), et tout le pays
qui domine Scopamane, ne voyait pas sans de sérieuses appréhensions les forces et l'autorité du *comte de Corse* augmenter tous les jours. Et ces appréhensions devenaient
d'autant plus alarmantes, que le quartier-général de Giudice, situé sur les hauteurs qui commandent Aullene, se
trouvait presque au centre de ses États.

Latro, craignant pour sa liberté et pour sa seigneurie, s'il
laissait à Giudice le temps de réunir toutes les forces dont il
allait bientôt disposer, se résolut à le combattre. Secondé
par *Giudicello Biancolacci di Bisoggeni*, et d'autres seigneurs, ses tributaires, Latro marcha contre son redoutable
adversaire. Mais Giudice, qui avait été informé des inten-

(1) Auglieni d'après Filip.

tions hostiles du seigneur de Carbini, prit toutes ses me-
sures, et quand ce dernier se présenta à son quartier-général, il le trouva sous les armes, prêt à le combattre. La
lutte s'engagea en effet, et après trois mois d'une guerre
acharnée, Latro ayant perdu beaucoup de monde, sans
avoir remporté aucun avantage, se retira à Carbini.

Cette guerre, dans laquelle Giudice avait déployé une
grande valeur, et avait fait preuve de talents stratégiques,
étendit encore davantage sa réputation et lui valut une
augmentation de partisans.

L'heure était venue où Giudice allait enfin prendre une
part active dans les affaires de la nation, en paraissant sur
la scène, non comme un chevalier cherchant sur les ruines
des autres à se créer un état, mais comme un chef jaloux
de faire respecter l'autorité dont il a été revêtu.

Tandis que Giudice se défendait contre les attaques de
Latro, et qu'il obligeait ce dernier à rentrer dans Carbini,
une inimitié terrible entre les seigneurs de *Cagna* et les
Arainchi, seigneurs d'*Attallà*, ensanglantait une partie de la
Corse. Cette inimitié durait déjà depuis de longues années,
lorsque les seigneurs d'*Attallà*, incapables de résister plus
longtemps aux efforts que faisaient les seigneurs de Cagna
pour anéantir tout à fait leurs ennemis, implorèrent et ob-
tinrent la protection de Giudice.

Après avoir fortifié les hauteurs dominant Aullene, de-
venues le centre de ses opérations, et y avoir laissé une
bonne garnison, Giudice, à la tête de sa petite armée, marcha immédiatement sur Attallà. La lutte ne fut pas longue,
et les seigneurs de *Cagna* et ceux de *Celavo* (1), battus
dans toutes les rencontres, eurent la douleur de voir les
soldats du *comte de Corse* occuper leurs châteaux. Ce fut

______

(1) Le *Celavo* est appelé par Filippini *Cruscani*.

à administrer, Giudice attendait avec patience qu'une circonstance pût, avec raison, le faire intervenir dans les affaires de la nation. Cette occasion ne se fit pas longtemps
attendre. Un homme est tué dans les environs de Quenza,
et le meurtrier, poursuivi de makis en makis, de caverne
en caverne, par les parents de la victime, ne voit d'autre
moyen, pour sauver sa vie, que d'aller implorer la protection de Giudice. Mais ce dernier, qui connaissait à fond le
caractère de ses concitoyens, et qui n'ignorait pas que la
justice est la première vertu qu'un peuple demande à son
chef, n'hésite pas dans l'arrêt qu'il doit prononcer.

— Qu'il meure, dit-il, Giudice n'est pas venu en Corse
pour être le protecteur des assassins.

Une pareille conduite devait lui concilier l'estime et la
sympathie des Corses. Giudice n'était donc pas cet homme
ambitieux qui était venu en Corse pour déposséder les seigneurs de leurs fiefs et tenir les peuples dans l'esclavage?
Non! le nouveau chef que Pise envoyait dans l'île était un
ami de l'humanité, disposé à tenir la balance égale entre
tous les partis, toutes les rivalités et toutes les ambitions.
Il avait bien compris les instincts du peuple corse, car il serait peut-être difficile de trouver une autre nation plus amie
de la justice que la nôtre. Souvent, il est vrai, le Corse s'est
vengé de lui-même, et pendant de longues années, on
pourrait dire des siècles, il a rendu tout progrès impossible
au sein des montagnes, en versant le sang de ses sembla-
bles. Mais qui ignore, hélas! que pendant longtemps la
justice, en Corse, n'était qu'un vain mot?

En attendant, peuples et seigneurs viennent se grouper
autour de Giudice, qui, voyant ses forces augmenter tous
les jours, résolut de faire reconnaître son autorité les armes
à la main.

III

L'Istria était gouvernée à cette époque par une femme d'une rare beauté, ayant nom *Saviglia* et veuve du fils de Lucien de Franchi (1) fondateur du château qui commande à cette province. Giudice dans ses courses avait rencontré cette femme, et son éclatante beauté avait blessé son cœur.

Un soir, comme il faisait l'aveu de son amour, un de ses officiers s'offrit pour négocier ce mariage, promettant une réussite complète, si son seigneur voulait bien l'y autoriser. Giudice accepte la proposition et quelques jours après l'officier lui annonce que non-seulement la belle Saviglia consentait à l'honneur que voulait lui faire le *Comte de Corse*, mais elle le priait d'aller passer quelques jours au château d'*Istria*.

Heureux de posséder bientôt la femme que son cœur adorait, Giudice s'empresse d'accepter la courtoise invitation de sa future et, accompagné d'un seul de ses officiers, se rend au château d'*Istria* où il est reçu avec tous les honneurs dus à son rang. La journée se passe au milieu des plaisirs et des festins. Saviglia, telle qu'une vipère couvant dans son sein le venin avec lequel elle s'apprête à donner

---

(1) De Franchi était un officier de marine venu en Corse en 1212. (Camb., tom. II, page 123, voyez la note.)

la mort, plus belle que d'habitude, parée de ses plus brillants atours, paraissait heureuse. Mais quand la nuit fut venue, quand la lune, parvenue au milieu de sa course, s'arrêta un instant pour reprendre haleine, la chambre dans laquelle était couché le *comte de Corse* fut tout-à-coup envahie par plusieurs serviteurs du château et Giudice est violemment traîné en prison.

La chronique rapporte que pendant sa courte captivité, Giudice reçut tous les jours la visite de la dame d'Istria qui, sans pénétrer dans son cachot, se plaçait devant une fenêtre grillée, et lui montrant un à un tous ses charmes, lui disait :

— Contemple, regarde comme je suis jolie, et dis si une pareille créature a été faite par Dieu, pour être la compagne d'un rustre comme toi ?

Ainsi tourmenté par cette femme impure, Giudice résolut de briser ses liens. Pour arriver à ce but, il noue une intrigue avec l'une des femmes de chambre de Saviglia, et grâce à cette suivante, il recouvra la liberté.

Dès qu'il sentit l'air libre de nos montagnes lui fouetter le visage, Giudice, jugeant sans doute que la vengeance devait être sa première aspiration, impose silence aux tressaillements d'amour dont vibrait encore son âme, réunit une armée, marche contre l'Istria qu'il ravage, renverse ses châteaux, et, par repressailles, place Saviglia *in luogo men che onesto* (1).

_____

(1) Filip., tom. II, page 126.

La chronique rapporte ainsi la délivrance de Giudice. Dès que l'intrigue fut nouée avec une des suivantes de Saviglia, Giudice écrivit à son frère, qui se trouvait au château *de Rocca di Valle,* d'être devant le château d'Istria, tel jour, telle heure, et avec un certain nombre d'hommes, que les portes de ce château lui auraient été ouvertes.

C'est ainsi que Giudice aurait été mis en liberté. La chronique apporte encore que pour tirer une éclatante vengeance de la per-

après nouveaux exploits, et quand déjà il occupait la *Pieve di Veggiani* et le château *del Corvo* (1), que les gentils-hommes qui avaient reçu en garde le château de *Rocca di Valle*, principal manoir de la seigneurie de la famille *della Rocca*, et son véritable patrimoine, à lui, Giudice, vinrent au nom de sa mère lui en offrir les clefs.

Heureux de posséder enfin le domaine de ses pères, la hardiesse de Giudice ne connut plus de bornes. Il attaqua et vainquit tous les seigneurs ses voisins, de sorte que, les seigneurs *Biancolacci* exceptés, tout le pays compris entre *Cilaccia* et *Bonifacio* reconnut son autorité.

---

(1) Les ruines de ce château existent encore. Nous les avons visitées il y a quelques mois. Nous y avons trouvé entre autres choses des jarres énormes.

Puis sa fureur ne rencontrant plus de difficultés, Giudice tourne ses armes contre les seigneurs *Salaschi*. Ces derniers, après une faible résistance, virent leur domaine ravagé et leurs châteaux renversés. Cette sévérité amena à composition, *in valle*, les seigneurs *Pianinchi*, et dans le *Celavo*, les seigneurs *Orezzacci* et *Zicaugnacci*. Enfin dirigeant tous ses efforts contre les seuls ennemis qu'il eût encore dans cette partie de la Corse, les seigneurs *Biancolacci* de Carbini et ceux de *Bisoggeni*, il obligea les premiers, afin d'obtenir son amitié, à lui offrir pour épouse la fille de Latro, qu'il accepta, et les seconds à reconnaître sa suzeraineté. Mais plus tard, par suite d'autres différends survenus entre Giudice et son beau-père, ce dernier fut obligé de passer en Sardaigne où il mourut. Giudice confia alors aux neveux de Latro les domaines de ce seigneur, à la condition toutefois qu'ils se reconnaîtraient ses vassaux, et pour qu'un jour ils ne fussent tentés de se déclarer indépendants, il fit raser le château de *Capola*, leur principale forteresse.

---

fidie de cette femme, Giudice fit construire une cabane à *Bocca-Cilaccia*, qu'il y plaça Saviglia, et obligea les passants à s'en servir. C'est peut-être cette manière, toute nouvelle en Corse, de se venger, qui a dicté cette pensée à Filippini : *In luogo men che onesto.*

IV

L'augmentation de territoire que venait de lui procurer la dernière guerre, loin de diminuer l'ardeur du *comte de Corse*, lui avait donné, au contraire, de nouvelles forces, et lui faisait entrevoir que dans un avenir plus ou moins prochain, si la fortune continuait à le favoriser, il pourrait enfin commander à la Corse entière. Bercé par cette ambition, qu'il devait cependant réaliser un jour, mais pour peu de temps, hélas! et ne voulant pas laisser refroidir le courage

-----

(1) On nous a prié d'indiquer la partie de la Corse que l'on appelait *La Rocca*.

La Rocca se composait des pièves de : Sartene, Tallano, Porto-Vecchio, Veggiani, Istria, Carbini, Scapamene, Bonifacio.

(De Friess, *Histoire de la Corse* publiée à Paris, pag. 4.)

qui enflammait ses soldats, heureux d'être commandés par
un chef aussi vaillant, Giudice marche contre le château
d'Ornano qui avait pour maître, à cette époque, un membre
de la famille des Raimondacci, qui l'avait enlevé lui-même
aux seigneurs Biancolacci.

Dès que l'approche de Giudice fut signalée, le seigneur
qui occupait le château d'Ornano, se jugeant incapable de
pouvoir résister aux forces du *comte de Corse*, l'abandonne,
et se retirant dans celui de Coti, se reconnaît son feuda-
taire.

Giudice, pour compenser, en quelque sorte, la perte que
le seigneur Raimondacci venait de faire, ordonna que les
terres et seigneurie d'Ornano ne fussent données à Truffetta, son frère, qu'à la condition qu'il épouserait une fille
du seigneur dépossédé, et que ce fief serait considéré comme
dot de son épouse. Filippini prétend que c'est de cette union
que sortit la famille d'Ornano qui donna des maréchaux à
la France (1).

Giudice ne s'arrêta pas en si beau chemin, et après avoir
établi sa suzeraineté dans tout l'Ornano, il la fit également
reconnaître par le *Talavo* entier. De sorte que, cinq ans
après son arrivée en Corse, toujours d'après Filippini, c'est-

______

(1) Filip., tom. II, pag. 128.

Cette famille s'est éteinte en la personne de J.-B. d'Ornano,
maréchal de France, emprisonné à Vincennes par ordre de Riche-
lieu, le 4 mai 1626, où il mourut le 2 septembre, étranglé ou
empoisonné. (Bouillet, 4ᵐᵉ édit. 1847.)

M. de Friess, dans son *Histoire de la Corse*, prétend que cette
famille s'est éteinte en 1670.

D'après un document trouvé à la bibliothèque de l'Arsenal, à
Paris, J.-B. d'Ornano mourut le 5 août 1626.

(*Journal de la Corse*, n° 14, année 1847.)

à-dire en l'année 1250, tout le pays compris entre Saint-Georges et Bonifacio obéissait à ses lois.

Parvenu ainsi à occuper un tiers de l'île, Giudice resta une période de six années sans plus entreprendre aucune guerre. Mais au bout de ce temps, ayant tué de sa propre main, pour venger son père, un de ses cousins, *Rainiero pazzo da Cozzi*, il fut obligé de prendre les armes contre le fils de ce Rainiero qui portait le même nom. Ce fut pendant cette guerre qu'il fit à jamais disparaître de la Corse les seigneurs de Cauro, ayant nom *Tralaventana* et ceux de *Salasca* dans le *Celavo*. Après une lutte longue et meurtrière, Rainiero sollicita et obtint la paix à la condition qu'il épouserait une fille de Giudice. Cette offre ayant été acceptée, Giudice donna en dot à sa fille le *Celavo* et le village de Cauro, sans que ni l'un ni l'autre cessassent toutefois de reconnaître sa suzeraineté.

Enfin, avant de se donner encore une fois au repos, il tenta de s'emparer du château de Cinarca, possédé alors par *Arriguccio Orechiaritto*. Secondé par trois galères pisanes, Giudice marche contre la Cinarca et ne tarde pas à en occuper le château. Arriguccio, trop faible pour résister à son terrible adversaire, se retire dans la seigneurie de Catena (1), et engage Buono, seigneur de *Sant'Antonino in*

---

(1) Il y a trois ans, j'ai visité, en compagnie de M. le juge de paix de Vico, les ruines de ce château. Il était bâti sur un rocher immense qui s'avance dans une gorge profonde, et sur lequel aujourd'hui encore on ne peut arriver que par une seule avenue. Ce lieu est situé entre Vico et Renno. Les Vicolais, apparemment à cause de l'arc que forme ce rocher, l'appellent : *l'arco alla Catena*.

(Voy. l'*Abeille de la Corse*, n° 34, 2ᵐᵉ année.)

Balagna, à venir à son secours. Ce dernier craignant que lorsque Giudice se serait débarrassé des petites guerres qu'il soutenait en ce moment, ne tournàt toutes ses forces contre lui-même et ne l'anéantît, jugea prudent d'accepter l'offre d'Arriguccio. Mais leurs efforts furent inutiles. Vaincus dans toutes les rencontres et incapables de continuer plus longtemps cette lutte, avec les forces dont ils disposaient, ils s'empressèrent de demander du secours à Gênes.

V

De toutes les possessions que Pise retenait encore sous son empire, celle qui convenait le plus à l'oligarchie génoise était la Corse. Nation essentiellement marchande, les Génois devaient trouver en Corse tout ce qui leur était nécessaire pour alimenter leurs chantiers et enrichir leur marine. Aussi depuis longtemps nourrissaient-ils le projet d'enlever la Corse à leurs antagonistes ; mais n'ignorant pas les difficultés qui les y attendaient, si les habitants ne s'y prêtaient pas, ils la couvaient, en attendant l'occasion, comme le vautour couve la proie qu'il veut dévorer.

Ce fut en ce moment, et tandis que la république pisane touchait à sa perte, que les seigneurs de *Catena* et de *Sant'Antonino in Balagna* eurent la malheureuse idée d'appeler Gênes à leur secours. Les imprudents! ils oubliaient les traditions de tous les peuples, et en faisant intervenir, dans leurs guerres intestines, une nation étrangère, ils préparaient leur ruine, celle de leurs descendants et l'asservissement de leur pays. Aussi Gênes s'empressa-t-elle d'adhérer à la demande des seigneurs corses en leur envoyant 500 soldats sous les ordres de Thomas Spinola. Heureusement qu'il y avait alors dans l'île un homme *possédant de grandes vertus et beaucoup d'élévation d'âme* (1) à qui il devait être donné de purger le pays de cette troupe d'avides mercenaires.

Mais hélas! cette faute devait être bientôt renouvelée. A la voix du doyen des *douze*, une consulte (2) devait se réunir à Morosaglia, en l'année 1347, et les mandataires de la nation, éblouis par la splendeur, la richesse et la puissance qui environnaient alors la magnifique compagnie de Saint-Georges, croyant trouver en elle tout ce qui était capable d'assurer le bonheur de l'île, devaient lui déférer la souveraineté de la Corse.

Pendant trois siècles nos pères devaient expier ce crime, Pendant trois siècles la Corse devait se tordre dans des convulsions terribles, et de ses entrailles déchirées, labourées par le fer génois, devaient sortir Sampiero, Paoli, Napoléon, et cette pléiade d'officiers, aussi distingués par les vertus que par les talents, dont les ossements allaient peupler tous les champs de bataille de la révolution et de l'empire.

---

(1) Jacobi, tom. 1, pag. 163.

(2) C'est ainsi que le peuple de la terre de Commune appelait ses assemblées générales; nous conserverons cette dénomination.

L'arrivée des Génois en Corse souleva d'indignation l'âme de Giudice qui, pour s'attirer l'amitié de la sérénissime république, lui avait cédé depuis longtemps toutes les terres qui environnent Bonifacio. Mais cette marque de déférence n'avait point été un obstacle à l'égoïsme génois dont le seul but en venant en Corse était la possession de cette île.

Cependant quand leurs soldats touchèrent le sol de la Corse, Arriguccio était déjà tombé sous les coups de Giudice, qui n'avait pas été aussi heureux en attaquant le château de *Catena*, défendu avec valeur par les deux fils de son adversaire, Arrigo et Guido.

En apprenant la mort d'Arriguccio, les Génois aidés par les forces du seigneur de Sant'Antonino marchèrent contre Giudice, campé alors dans la seigneurie de *Catena*. Ce dernier pensant que la position qu'il occupait n'était point favorable, parce qu'il pouvait être attaqué par plusieurs côtés à la fois, jugea prudent de se retirer devant les forces combinées des Génois et de Buono, jusqu'à ce que la configuration topographique du sol pût lui permettre de leur livrer bataille.

Les Lyguriens voyant le *comte de Corse* fuir, pour ainsi dire, à leur approche, et croyant la victoire certaine, se laissent prendre au piége et se mettent à sa poursuite. En attendant, Giudice plaçait 200 hommes dans le château de Cinarca, et sûr désormais qu'il ne tomberait pas entre les mains de ses ennemis, parce qu'il était bien défendu, muni de munitions de toutes sortes et assis dans une position presqu'inexpugnable, il abandonne son ancien titre de seigneur *della Rocca*, se pare de celui de *comte de Cinarca*, et continue bravement sa retraite, car il n'ignore pas que pour lui, temporiser, c'est vaincre.

Ce plan eut une réussite complète. Parvenue près de Bonifacio, l'armée des alliés était harassée de fatigues ; les Génois surtout, peu habitués à nos montagnes, se soutenaient à peine. Aussi manifestèrent-ils à différentes reprises le désir d'aller à Bonifacio, où ils pourraient se reposer quelques jours et acquérir de nouvelles forces, sachant parfaitement que la ville ne manquait de rien. Mais Giudice avait deviné leur pensée, et sans plus tarder, il les attaque avec une telle fureur, que les Génois surpris n'opposent aucune résistance et sont taillés en pièces. Deux cents à peine échappent au massacre et sont faits prisonniers. Filippini ajoute que la duplicité et le manque de foi dont venaient de se rendre coupables envers Giudice, les autorités de la sérénissime république, l'avaient tellement exaspéré, qu'il n'hésita pas à faire enlever les yeux à tous les morts, à les placer dans des barils, et après les avoir salés, les envoyer à Gênes en déclarant : *que les prisonniers seraient rendus si, leurs épouses, mères ou sœurs venaient en Corse les réclamer.* Et en même temps il chargea du soin de cette restitution un de ses neveux (1).

---

(1) Un certain Jacobo Auria, annaliste génois, rapporte qu'après cette déroute, la sérénissime république envoya en Corse 700 soldats qui assiégèrent Giudice dans *Castelnuovo*, où il se trouvait avec 300 hommes de cavalerie et 1,500 fantassins ; qu'ils lui tuèrent 26 hommes et qu'ils l'obligèrent de se sauver à Aleria, pour de là se rendre à Pise demander du secours. Il ajoute qu'étant déjà vassal de Gênes, Giudice n'hésita pas à prêter serment de fidélité à la république de Pise. Ce que cet annaliste avance est trop absurde pour qu'il mérite la peine d'être réfuté.

(Limperani, *Histoire de la Corse*, liv. xi, pag. 87,88.)

VI

« Tous les écrivains, insulaires, pisans et même génois,
« qui ont parlé de Giudice, l'ont représenté comme pos-
« sédant de grandes vertus et beaucoup d'élévation d'âme.
« Le sentiment de la justice était surtout chez lui poussé
« à un degré éminent ; amis et ennemis étaient sûrs de
« trouver dans ce seigneur un juge impartial, sévère, in-
« corruptible. »

Ce portrait emprunté à Jacobi n'a rien d'exagéré puisque
Cambiaggi lui-même, historien génois, en parlant de Giudice s'exprime ainsi : *uomo di valore e di credito* (1). D'ail-
leurs le trait suivant, rapporté par un écrivain national (2),
ne laissera aucun doute dans l'âme de nos lecteurs sur le

____

(1) Camb., liv. ii, pag. 123.
(2) Petr. Cyr., *De reb. cors.*, lib. ii, Ricord. Malas.

rigorisme de Giudice, en matière de justice, et jettera un grand jour sur son caractère.

Nous avons dit dans le chapitre précédent que les prisonniers génois faits par Giudice dans la dernière guerre auraient été rendus à la liberté, à la condition toutefois qu'ils seraient réclamés par leurs mères, épouses ou sœurs. Plusieurs femmes lyguriennes, averties des conditions peu onéreuses auxquelles il leur était permis de recouvrer leurs parents, se hâtèrent de passer en Corse où leurs démarches furent couronnées d'un plein succès. Une seule éprouva des difficultés de la part de l'officier préposé par Giudice à l'exécution de ses ordres. Cette femme paraît avoir été d'une remarquable beauté. Aussi, lorsqu'elle se présenta pour réclamer son époux, le neveu de Giudice éprouva-t-il une vive sensation et le démon de la concupiscence s'empara de son âme. Mais la belle Lygurienne ayant nettement refusé d'adhérer aux pressantes sollicitations du jeune officier, fut enfermée dans une chambre et violentée. « Le sévère Giudice, informé de la conduite de son subalterne qui était son propre neveu, le condamna à perdre la tête et le fit exécuter en présence du Génois offensé (1). »

Ce nouveau trait du caractère de Giudice devait assurément lui concilier l'estime de tous ; car la première exigence des peuples, envers ceux qui sont appelés à les gouverner, c'est la justice alors même qu'il s'y joindrait une extrême rigueur. Cet exemple devait être renouvelé cinq siècles plus tard par l'immortel Paoli.

Cette sentence rendue et la justice satisfaite, le *comte de*

(1) Jacobi, liv. 1, pag. 164,
(Petr. Cyr., *De reb. cors.*, lib. 11.)

Corse dirigea ses coups contre les fils d'Arriguccio qui résistaient encore. Mais accablés, reduits à l'impossibilité de continuer plus longtemps la lutte, Arrigo et Guido, qui n'ignoraient pas tout ce que l'âme de Giudice renfermait de noble et de généreux, se présentèrent à leur ennemi et lui demandèrent la paix. Giudice la leur accorda, et, pour prix de leur confiance dans la droiture de son caractère, il leur laissa la seigneurie de *Catena*.

Et ici nous trouvons encore, dans Filippini, un trait qui caractérise admirablement le héros dont nous avons entrepris de raconter la vie.

De retour d'une excursion en Balagne, où il avait été pour infliger une juste punition au seigneur de *Sant'Antonino*, et comme il traversait un champ dans lequel se trouvait beaucoup de bétail, il fut frappé des mugissements que poussaient plusieurs veaux. Giudice s'arrêta et en demanda la cause aux bergers. Ces derniers répondirent que c'était parce qu'on ne leur laissait pas assez de lait. Pour punir convenablement ces avares vachers, Giudice leur ordonna de ne traire à l'avenir le lait qu'après que les jeunes veaux en auraient été rassasiés (1).

Filippini ajoute que cette nouvelle marque de justice, aussi caractéristique que la première, mais moins terrible dans ses résultats, contribua puissamment à amener la soumission de tous les seigneurs de la Corse qui dès ce moment le reconnurent comme leur chef. Seuls les Amondaschi tentèrent d'échapper au joug ; mais battus, ils furent chassés de leur fief, et leurs châteaux furent provisoirement confiés aux seigneurs Aschesi.

---

(1) Sinite vitulos prius ad satietatem sugere, deinde vos mulgete.

Parvenu enfin au but qu'il s'était proposé, la seigneurie de la Corse, Giudice ordonna une consulte qui fut tenue à l'église *della Canonica di Mariana,* en l'année 1274 d'après Filippini, et selon Cambiaggi, au mois de septembre 1264 (1). Dans cette assemblée il fut décrété que les citoyens paieraient un tribut : les plus riches, trois livres de Gênes, les moins aisés deux, et les pauvres une. Il fut également décidé que les seigneurs étaient obligés de fournir un certain nombre d'hommes toutes les fois que Giudice leur ferait un appel ; que dans le pays où il y aurait des seigneurs, les impôts payés par les populations de ces localités seraient partagés entre les seigneurs respectifs de ces localités et Giudice ; qu'enfin dans les fiefs privés de nobles, les impôts seraient perçus par Giudice seulement.

Les affaires de la nation ainsi arrangées, Giudice gouverna l'île pendant plusieurs années, en ayant soin de faire de la justice la base de tous ses actes.

---

(1) Camb., liv. ii, pag. 314.

VII

La sage administration de Giudice avait donné à la Corse quelque temps de repos. Le peuple, heureux d'être gouverné par un seigneur aussi juste, aussi humain, acclamait son nom, et lui promettait une obéissance entière. Les seigneurs eux-mêmes, touchés des manières convenantes et des affabilités que Giudice employait à leur égard, avaient contracté l'habitude de se rendre tous les ans, aux fêtes de Pâques, au château de Cinarca où Giudice avait établi sa résidence.

Les fêtes se passaient gaiement en la demeure du seigneur de Cinarca. La chasse, les festins et les danses, fai-

saient oublier les malheurs passés. La Corse semblait re-
naître à de nouvelles destinées, lorsque tout à coup, dans
une de ces réunions, Giovanninello, seigneur de *Pietr'all'-
Arreta di Nebbio*, se disant offensé par le *comte de Corse*,
abandonna précipitamment le château, malgré les excuses
et les protestations de Giudice. Ce fait, en apparence si
minime, devait avoir pour le pays les plus désastreuses
conséquences.

Giovanninello alla dévorer dans son château ce qu'il appelait son déshonneur. Mais désormais la haine était dans son
cœur; et quoiqu'il fît semblant de rester encore sous la
suzeraineté du *comte de Corse*, il se tint éloigné et ne vou-
lut plus le voir. Giudice, animé de bons sentiments et ne
voulant pas rompre la paix qui régnait alors, supporta ce
mouvement d'humeur du seigneur de *Pietr'all'Arretta*,
pensant qu'il reviendrait bientôt à de meilleurs sentiments
à son égard. Mais le seigneur de Cinarca se trompait, et
commettait une faute d'autant plus grave, que l'exemple de
Giovanninello pouvait être suivi. En pareille situation,
quand on tient entre ses mains le bonheur d'un peuple, on
ne doit point se montrer faible, et si dans sa route on ren-
contre un serpent, *on l'écrase sans pitié et l'on passe.*

Et comme pour prouver ce que nous venons d'avancer,
Giovanninello enorgueilli de la crainte qu'il croyait inspirer
à son seigneur, pensant peut-être qu'il lui serait facile de
le renverser et de se mettre à sa place, lève hardiment
l'étendard de la révolte. Cette audace, Giovanninello ne la
puisait pas seulement dans les forces dont il pouvait disposer, dans sa bravoure bien connue, mais plutôt dans l'appui
qu'il espérait de ses six gendres (1), tous seigneurs très-

_____

(1) Ces six gendres étaient : Guglielmo di Pietr'Ellerata ; uno

influents de l'île, et dans l'espoir que son exemple serait suivi par ceux qui n'attendaient qu'une occasion favorable pour secouer le joug que Pise leur avait imposé.

Giudice cependant ne tarda pas à avoir connaissance des projets de Giovanninello, et voulant le faire surveiller, il ordonna à un petit détachement de cavalerie (70 chevaux), qui se tenait au château de *Vortica, en Balagna*, de se porter sur les frontières des domaines du seigneur de *Prietr'-all'Arretta*.

Dès que cet ordre parvint au château de *Vortica*, le chef de la troupe obéit immédiatement et se mit en marche. Arrivés le soir de ce même jour dans le village de Sant'-Antonino, dont les seigneurs ne s'étaient pas encore déclarés, ils furent retenus, traités convenablement et logés chez différents habitants. Pleins de confiance, ils se laissent disperser; mais quand la nuit fut venue, le signal est donné, et pas un n'échappe au massacre.

Dès que cette nouvelle fut arrivée au château de Cirnaca, Giudice réunit une petite armée et marcha contre Giovanninello. Parvenu au château de *Supietra*, Giudice fut rejoint par ses six gendres (1); de sorte que la Corse, comme l'Italie au temps des Guelfes et des Gibelins, fut séparée en

---

de'Pernici del Castellare di Casinca; uno de'signori Bagnaninchi di Biguglia; un altro de'marchesi di Sant'Colombano; uno de'signori di Sant'Antonino; ed un altro di quei di Bracaggio.

(Filip., liv. II, pag. 138.)

(1) Ces six gendres étaient : Ugo Cortingo da Pietr'Ellerata, che fu poi signore di Gaggio; il signor dal Poggio di Nazza; un altro de Cortinchi, signore di Sant'Giacopo in Casinca; uno dei marchesi di Sant'Colombano; uno dei signori di Bracaggio; e Rainiero da Cozzi.

(Filip., liv. II, pag. 137.)

deux camps : les seigneurs partisans de Giudice, et les partisans de Giovanninello. Filippini prétend que cette division existait toujours deux cents ans après (1).

Cette guerre, qui fut marquée au coin du vandalisme le plus absolu et de l'inhumanité la plus cruelle, dura quatre ans. La fortune se déclarant une fois encore pour Giudice, Giovanninello fut obligé de quitter la Corse, ainsi que plusieurs seigneurs qui s'étaient déclarés en sa faveur, et leurs terres et seigneuries furent données, par le *comte de Corse*, à ses lieutenants. C'est de cette époque que datent les seigneurs *dell'Oreto in Casinca* et ceux de *Speloncato in Balagna* (2).

Giovanninello vaincu et chassé de la Corse, Giudice tourna ses armes contre les seigneurs de Sant'Antonino afin de venger les soixante-dix cavaliers qu'ils avaient si lâchement assassinés. Mais ces derniers se sentant coupables, pour la deuxième fois, envers leur seigneur, s'étaient hâtés d'abandonner leur château, que Giudice renversa, et allèrent chercher une retraite qu'ils croyaient sûre *nell'Isola dell'Oro* (3), où ils se fortifièrent. Mais ces précautions et la mer qui les entourait ne peuvent les sauver de la fureur de Giudice. Ayant demandé à Pise quatre galères, le *comte de Corse* les chargea de troupes, passa dans l'île, tua de sa propre main Buono et fit massacrer le reste. Terribles représailles si l'on veut, mais que les seigneurs de Sant'Antonino avaient très-justement méritées.

____

(1) Filip., liv. ii, pag. 139.
(2) Filip., liv. ii, pag. 140.
(3) Malgré toutes nos recherches, nous n'avons pu découvrir cette île. Nous pensons qu'on parle ici du petit îlot placé devant l'Ile-Rousse.

Le calme était de nouveau rendu à la Corse. Une période de huit années devait s'écouler encore avant que le seigneur de Cinarca ne tirât pour la dernière fois son épée, et que le sol de l'île ne se rougît du sang de ses enfants. Mais cette fois ce ne devait pas être parmi les seigneurs rebelles, jaloux de sa puissance, que Giudice devait trouver des fauteurs de désordres, c'était dans sa propre famille.

Giudice aimait tendrement un *Bonacorsello dell'Oreto* du pays de *Caccia*. Quatre de ses enfants naturels, jaloux de l'affection que leur père portait à ce *Bonacorsello*, se rendent au château de *Vortica*, où il était seigneur, et le tuent. Dès que Giudice eut connaissance de cet assassinat, il fit tous ses efforts pour s'emparer de ses quatre enfants. Mais ceux-ci connaissant, par des exemples, quel était en pareille circonstance le sort qui les attendait, s'ils tombaient entre les mains de leur père, se cachèrent et furent réduits à errer à travers toute l'île. Giovanninello qui se trouvait en ce moment à Gênes, où il sollicitait inutilement des secours, en apprenant l'assassinat du seigneur de *Vortica*, et la discorde qui régnait dans la famille du *comte de Corse*, pensa que l'heure était venue de tenter une fois encore la fortune. Accompagné d'une partie des seigneurs qui avaient quitté la Corse en même temps que lui, Giovanninello abandonne précipitamment Gênes, débarque en Corse, et tous ensemble vont unir leurs forces à celles des seigneurs Campocasso.

VIII

A cette époque, une partie du Cap Corse obéissait à la
famille des *Da Mare*, venue dans l'île à la suite des luttes
entre les seigneurs Avogarij et Polverelli : ces derniers
ayant été chassés de Corse, le chef de cette famille céda à
un nommé *Ansaldino Da Mare*, gentilhomme génois et
amiral des armées de l'empereur Frédéric, moyennant une

somme de quatre mille livres génoises, tous ses droits et prétentions à la seigneurie du Cap Corse.

Ansaldino passa alors en Corse, et, grâce à une petite armée que lui avait donnée l'empereur, son maître, il battit en plusieurs rencontres les Avogarij qui, pour conserver leur fief, furent obligés de partager le Cap Corse en deux parties : celle du côté de *Lavasina* fut donnée aux Avogarij; celle plus au nord de l'île fut donnée à Ansaldino. Filippini ajoute que la preuve la plus irrécusable de la vérité de ce fait se trouve à Gênes, dans l'église de Saint-Dominique, où on lisait de son temps, au-dessus d'un tombeau, l'épitaphe suivante :

Anno Domini M. C. C. IIII. Sepulcrum nobilis viri Domini Ansaldi da Mare quondam Domini Angeleri comitis di Corsica, serenissimi principis Domini, Domini Federici Romanorum imperatoris Augustini honorabilis Armiratis, et hœredum suorum (1).

Ce fut donc Ansaldino le premier des da Mare qui vint en Corse, et dont quelques-uns de ses descendants devaient figurer avec honneur dans nos guerres nationales. Giovanni della Grossa dit que, dans la suite, les Avocarij, les Contortorini et autres formèrent à Gênes une seule famille, qui s'appela la famille des Gentili, dont quelques membres étaient seigneurs de cette partie du Cap Corse, échue aux Avogarij, c'est-à-dire, Brando, Canari, Nonza, Sisco, etc.

Ansaldino, en mourant, avait laissé quatre enfants qui se partagèrent le domaine de leur père, en stipulant que

---

(1) Ce tombeau a été élevé, l'an de Notre-Seigneur 1204, au noble fils du défunt Angeleri, Ansaldino da Mare, comte de Corse, prince sérénissime, amiral de Frédéric-Guillaume, empereur des Romains, ainsi qu'à ses héritiers.

ni les enfants ni les femmes ne pourraient jamais hériter de leur seigneurie. Ce fut auprès de ces quatre frères que se rendit Giovanninello.

A son arrivée, il se tint un grand conseil ; tous les seigneurs du Cap embrassèrent sa cause, et après avoir fortifié l'île de Centuri, ils en firent le centre de leurs opérations. En apprenant la rébellion des seigneurs du Cap, Giudice passa immédiatement dans cette partie de l'île ; mais, manquant de galères pour atteindre les rebelles, réfugiés avec leurs femmes dans l'île de Centuri, où naquit Arrigo di St-Antonino, il se bornait à les faire oberver, lorsqu'il apprit que Giovanninello, accompagné des Avogarij, avait abandonné l'île de Centuri, et s'était fortifié dans une position où se trouvait un petit village qui, plus tard, devait être la ville de Calvi.

Giudice laissa deux cents hommes pour observer les mouvements des seigneurs réfugiés dans l'île de Centuri, et partit avec le reste de sa petite armée. La lutte s'engagea avec Giovanninello, mais elle fut sans résultat. Revenu au Cap, car les rebelles tentaient de soulever les peuples, Giudice abandonna son adversaire qui se hâta, à son tour, d'accourir au secours de ses amis.

Ainsi les Avogarij restèrent maîtres de la position. Ils peuplèrent et fortifièrent ce petit village, qui devint dès lors la ville de Calvi. Les Avogarij la gardèrent longtemps en leur pouvoir ; mais, à la suite d'une longue guerre entre seigneurs, cette ville passa sous la domination génoise, avec les prérogatives dont jouissait déjà la ville de Bonifacio.

Pendant que Giudice est occupé à combattre les seigneurs du Cap et à réprimer, à Orto, un mouvement d'insurrection qui s'était manifesté, il apprend tout-à-coup que les six gendres de Giovanninello, qui avaient abandonné la Corse en même temps que lui, venaient de rentrer et qu'ils occupaient plusieurs châteaux ; que les seigneurs réfugiés dans l'île de Centuri s'étaient fortifiés sur la montagne appelée Minerbio, et qu'enfin Giovanninello venait d'être proclamé seigneur et maître dans le Nebbio.

Giudice jugeant qu'il lui était impossible, pour le moment, de lutter avec avantage contre Giovanninello et ses partisans, se retira dans sa seigneurie de la Rocca.

Dès ce moment, la carrière de Giudice est terminée. Encore une fois, il paraîtra dans la lutte ; et quoique vieux, et privé de la vue, comme Bélisaire, il obligera ses ennemis à fuir à son approche. En attendant, sachant que l'union fait la force, il pardonne à ses quatre fils et leur partage les domaines qu'il possédait encore (1). Arriguccio eut le château de la Rocca ; Salnese l'Istria ; Arrigo Stambo Attallà ; et enfin Ugolino la pointe de Riseni. Ce fut de ces quatre bâtards que sortirent les familles d'Istria, de la Rocca et d'Attallà (2). C'est ainsi, dit Filippini, que tout le pays compris entre Querce et Bonifacio porta longtemps le nom de terre des bâtards. Il accorda le château d'Ornano à Lupo, et Ristoruccello, fils de Guglielmo Farina, frère et successeur de Truffetta. Enfin, il reconnut son petit-fils, Rainiero da Cozzi, seigneur de Cozzi et de la Cinarca proprement dite. Quant à lui, il se réserva le droit de suze-

____

(1) Il avait toutes les terres appelées *territoire Cinarchese*, et, dans le deçà des monts, les deux châteaux de *Supietro* et de *Vortica*.

Par delà des monts, on entend les trois arrondissements de Bastia, Calvi et Corte.

(2) Filip., liv. II, pag. 147.

Giacobi ajoute les familles d'Ornano, de Bozzi et de Leca.

(Giac., *Hist. de Corse*, p. 170, 171.)

raineté et celui de pouvoir habiter tantôt un château, tantôt un autre. Puis, voulant mettre un terme aux luttes qui déchiraient depuis si longtemps son pays, n'espérant plus aucun secours de Pise, jura, en présence de Pierre-Mathieu d'Oria, maire de Bonifacio, obéissance à la république génoise.

IX

L'exemple donné par Giudice fut imité par tous les seigneurs de la Corse, particulièrement par Giovanninello, qui
s'empressa d'offrir, aux chefs de la république, toutes les
terres et tous les châteaux qu'il possédait en Corse. Gênes,
pour récompenser un si grand sacrifice, lui déféra solennel-
lement le titre de citoyen génois.

En attendant, la lutte entre Gênes et Pise continuait toujours sur le continent ; et tandis que la première ne cessait de descendre et de perdre son ancienne splendeur, la seconde, au contraire, ne cessait de monter et de remplir l'Europe du bruit de ses exploits. Cette diminution de puissance d'une part, et cet accroissement de pouvoir de l'autre, devaient nécessairement amener en Corse de grandes défections. Gênes le sentit ; et croyant que l'heure était enfin arrivée de réaliser le rêve qu'elle caressait depuis si longtemps, envoya dans l'île un de ses citoyens les plus éminents, Luchetto d'Oria, avec le titre de lieutenant-général (général-vicario), et avec la mission d'étendre, le plus possible, la domination de sa patrie en Corse.

Mais il y avait alors dans l'île un homme qui n'avait jamais oublié que le titre avec lequel il s'était présenté à ses concitoyens lui avait été déféré par la république de Pise, et qu'un lien inviolable l'attachait à tout jamais à ce pays. Il avait prêté serment de fidélité, il est vrai, au gouvernement oligarchique de Gênes, mais ce serment ne l'engageait pas à porter les armes contre ses bienfaiteurs, alors surtout qu'il administrait la Corse en leur nom. Le serment de fidélité que Giudice avait prêté à la sérénissime république n'avait qu'un but, celui d'éloigner la guerre civile de son pays ; et, pour obtenir ce résultat, Giudice n'aurait point refusé de prêter son concours aux Génois, si quelques seigneurs avaient tenté de leur enlever les possessions qu'ils avaient alors en Corse.

Mais, du jour où Gênes aurait sérieusement entrepris de soustraire la Corse aux Pisans, il était de son devoir de se souvenir qu'il en était le seigneur, qu'il représentait la république Pisane, et qu'à ces titres, il devait énergiquement s'opposer aux desseins de l'envoyé de Gênes. Aussi sut-il le tenir en respect, et Luchetto d'Oria fut obligé de rentrer dans sa patrie, sans avoir pu gagner un pouce de terrain.

Boccanegra, qui remplaça Luchetto d'Oria, ne fut pas plus heureux dans ses tentatives; l'état des choses resta longtemps le même. Le chef insulaire se montra inépuisable dans ses ressources.

Ici Filippini raconte une série inextricable de luttes entre seigneurs, de meurtres et de faits, complètement étrangers au sujet qui nous occupe, et à travers lesquels il nous paraît inutile de conduire nos lecteurs. Nous nous contenterons de leur apprendre que, par suite de vieilles maladies et de grandes fatigues, Giudice perdit tout à coup la vue. Cet éminent citoyen n'en continua pas moins à diriger les opérations de sa petite armée, placée sous les ordres de son neveu, Lupo d'Ornano, agissant contre Guglielmo di Pietr'ellerata, le plus puissant des partisans de Giovanninello qui s'était empressé de passer les monts, et, en compagnie des seigneurs de Catena, Arrigo et Guido, avait tenté de s'emparer du château de Cinarca. Mais, assiégé à son tour, sur le sommet de la montagne appelée *Saliceto*, réduit à l'extrémité, et ne pouvant plus se défendre contre les attaques de Lupo, Guglielmo eut recours aux expédients. Il promit, au neveu de Giudice, une de ses filles, s'il le laissait rentrer librement dans ses États.

Lupo accepte; mais, en apprenant ces faits, Giudice entre dans une grande fureur, appelle son neveu son ennemi, et lui défend désormais de paraître en sa présence. Salnese qui s'était permis d'approuver la conduite de son cousin, jetant ainsi, directement, le blâme sur celle de son père, fut privé du château d'Istria, et qualifié de partisan de Giovanninello.

Ainsi chassés, Lupo et Salnese s'unissent avec Guglielmo, et tous les trois conviennent de se défaire de Giudice. Pour arriver plus sûrement et plus promptement au but, Guglielmo demanda du secours aux Génois qui s'empressèrent de lui envoyer deux mille hommes sous les ordres d'un Spinola. Les hostilités contre Giudice ne tardèrent pas à commencer; et comme le *Comte de Corse*, depuis qu'il avait perdu la vue, était obligé de se servir de ses lieutenants, il tomba dans une embuscade, et fut fait prisonnier par son propre fils, Salnese. Ce misérable, oubliant tout ce qu'il devait à son bienfaiteur, céda aux suggestions génoises et le livra à un capitaine de marine de cette nation.

« Le vénérable seigneur de Cinarca chargé de chaînes fut aussitôt conduit, comme un criminel, dans la capitale de la Lygurie; là, jeté au fond d'un cachot, il ne tarda pas à expirer sous les coups de ses assassins. La république de Pise perdit en lui le principal et pour ainsi dire l'unique soutien de sa domination en Corse (1). »

Giudice mourut, d'après Jacobi, en l'année 1331 (2) ; et d'après Giovanni della Grossa, en l'année 1312 (3), c'est-à-dire, 67 ans après son arrivée en Corse et 93 depuis sa naissance.

----

(1) Jacobi, *Hist. de Corse*, t. 1, p. 170.
(2) *Id*.
(3) Filip., liv. 1, p. 164.

FIN

www.ingramcontent.com/pod-product-compliance
Ingram Content Group UK Ltd.
Pitfield, Milton Keynes, MK11 3LW, UK
UKHW020033080726
13614UKWH00004B/1742